LA SENDA
DE ORACIÓN

Cómo y Por Qué Orar

Kyle W. Bauer

La Senda de Oración
Cómo y Por Qué Orar

Copyright © 2020 Kyle W. Bauer

ISBN: 978-0-578-75199-3

DEDICACIÓN

Este libro es dedicado al Espíritu Santo:
mi amigo, entrenador, mentor, guía y ayudador, sin
Ti el conocimiento es incompleto y la oración ineficaz.

CONTENIDO

RECONOCIMIENTOS

Quiero reconocer y agradecer a
Michelle Glush por ayudarme a refinar
el manuscrito y a Beatriz Andino y
Fransisco González por la traducción.

INTRODUCCIÓN

La oración tal vez sea la parte más esencial para nuestras vidas espirituales. La oración no es la tendencia que tenemos como humanos de sólo hablar *hacia* Dios, y la oración es mucho más allá de lo básico de sólo hablar *con* Dios. Aún usándola cómo el principio del pedir a Dios, eso no cubrirá el panorama, ni la extensión de lo que es la oración.

La oración poderosa que cambia el mundo sucede cuando los seres humanos nos alineamos con la Palabra de Dios y la voluntad de Dios para efectuar los planes del Cielo para nuestras vidas y por ende para este planeta.

Éste libro nació de tres experiencias que tuve acerca de la oración, separadas en el tiempo pero a la vez relacionadas entre sí.

La primera experiencia fue un sueño que tuve hace unos años que cambió mi vida. En el sueño, yo veía a lo lejos un velero. El barco estaba atado al muelle y había mucha actividad en él. Había gente moviéndose apresurádamente con los muchos quehaceres en el barco. Había gente llenando el barco con reservas y víveres, remendando las velas, preparando las sogas y limpiando la cubierta. En este momento el Espíritu Santo me habló diciendo, "¿Ves todo ese afán? Aún con todo el trabajo que hacen, todavía no van a ningún lado." Nunca dijo que este trabajo no era importante. Sí, La administración es crucial, pero la administración no te lleva a ningún lado, pero sí sostiene a la organización en el camino.

El Espiritu Santo habló otra vez, y habló muy fuerte, "¡LA ORACIÓN! ¡La oración es desplegar las velas para atrapar el viento del Espíritu. Esto es lo que te llevará adelante!" La jornada hacia el destino que Dios tiene para nuestras vidas puede ser estorbada por la ilusión de que nuestros esfuerzos humanos nos pueden hacer llegar al objetivo cuando en realidad es una vida de oración guiada por el Espíritu Santo que nos mueve hacia los propósitos de Dios.

La segunda experiencia fue una palabra que Dios me dio hace 12 años en 2008. Mi esposa, Teresa, y yo estábamos en la cúspide de una nueva aventura ministerial. Estábamos por salir de nuestro hogar y mudarnos a otro lado del país. Al orar, yo le pregunté a Dios que Él estaba haciendo con nosotros, y qué era lo que Él quería que hiciéramos. En seguida me respondió: "Yo quiero que construyas un ejército listo para un asalto mundial para estos Últimos Tiempos."

Con esa palabra nos mudamos a una nueva ciudad e iniciamos nuestra tarea pastoral. En este nuevo lugar no sucedió nada de esta palabra. Posteriormente nos hicimos misioneros en México, y tampoco sucedió algo de esta palabra. Luego pastoreamos una iglesia por cinco años en Santa Clarita,

California, y nuevamente no sucedió nada de esta palabra. No fue hasta que el Señor nos dio una iglesia en Northridge, California, que el Señor comenzó a llevar a cabo esta palabra. Es el lugar correcto, con la gente correcta, en el momento histórico correcto. Esta tarea, más que cualquier otra cosa, tiene que ver con la oración. Ahora es el momento de llevar a cabo esta palabra. ¡Prepárate para ser parte del ejército de Dios para estos Últimos Tiempos!

La tercera experiencia parecería que no es probable para nacer un libro, ni nada muy espiritual. Actualmente yo, junto con un equipo de la iglesia, comenzamos una página TikTok llamada @Prayerpath (La Senda de Oración). El propósito de la página es simplemente orar por personas y por las generaciones más jóvenes.

Cuando comencé a subir videos de oraciones cortas, a mucha gente les gustaba, decían "amén" a las oraciones y además comentaban sobre ellas. Me di cuenta que era muy probable que pocos de ellos supieran cómo orar. Basado en esto, comencé a escribir y editar videos de cómo y por qué orar. Como Tik Tok sólo permite videos de un minuto de duración, la instrucción no podía ser mucho más de 160 palabras, entonces tenían que ser cortos, rápidos y precisos con un granito de verdad, fácil de comprender y con aplicación a la vida.

Cuándo comencé a escribir lo que iba a decir en estos videos, se me ocurrió el pensamiento que esto podría ser también un libro devocional sobre la oración. Además sería un manual de entrenamiento para un ejército, fácil de enseñar los principios de una vida de oración dinámica. Así que, los capítulos son cortos y rápidos. El propósito de este libro no es ser un manual voluminoso para la oración, sino un libro simple, fácil de leer y rápido para aplicar los principios y así desarrollar una vida de oración poderosa y creciente.

La oración es una vida de fe

UNO

La Oración es una Vida de Fe

La oración frecuentemente es reconocida como poco más que una superstición religiosa por aquellos que no han aprendido los principios bíblicos tras ella, o aquellos que no han madurado en su vida espiritual más allá de buscar a Dios sólo para que "me dé lo que quiero."

La oración no es un talismán de suerte que frotas cuando necesitas algo. No es aventar palabras vacías hacia el Cielo con tus dedos cruzados, esperando más allá de la esperanza de lo que tú quieres que al final suceda. Tampoco es una oración eficaz recitar palabras familiares ni repetir mantras religiosos, ni rezar una y otra vez las mismas oraciones aprendidas. La oración no es únicamente para un momento de necesidad, y luego cuando Dios suple la necesidad, se nos olvida Dios hasta la próxima vez que lo necesitemos.

La oración es un estilo de vida de fe y confianza, una participación a la cual Dios llama a su pueblo. Él desea un pueblo que le conozca. Dios quiere mostrarnos que Él es bueno y listo para responder. Dios está buscando a gente en quien confiar y que colabore con Él para sus propósitos y no utilizar la oración como si fuera una despensa para suplir nuestros deseos frívolos.

Algunos creen, o les han mal enseñado, que la oración no tiene mucho valor porque Dios es soberano y Él hará como le complazca a pesear de lo que le pedimos o hacemos. No es que Dios nos *necesite*, como si Él estuviera dependiente de nuestras palabras o plegarias. Sin embargo, en su soberanía, El *ha escogido* colaborar mano en mano con nosotros, y la oración es la manera que podemos más eficazmente participar con Él. Como dijo el gran teólogo Juan Wesley, "Dios no hace nada en el mundo sino en respuesta a la oración de fe."

Cuando tú oras, ora con fe a un Dios real y vivo quien responderá a tus peticiones y quien cambiará todo dentro y alrededor de ti por medio de la oración.

Punto de Acción:

Ora una oración sencilla de fe y confianza en Dios. Confiesa cualquier falta de creencia, arrepiéntete de ella, y deja que crezca tu confianza en Dios mientras tú sigues orando.

DOS

Preséntate a Dios

Cuando oramos, la Biblia dice, *"... por las misericordias de Dios, que se presenten ustedes mismos como un sacrificio vivo, santo y agradable a Dios"* (Romanos 12:1). Este concepto es crucial para nosotros entender. El concepto de presentarnos es el de una persona parada y lista para ofrecerse a Dios. Debemos de tener cuidado a quién o a qué nos presentamos porque esto determinará a quién o a qué verdaderamente estamos adorando.

¿A qué nos entregamos más? ¿Qué consume nuestro tiempo, energía, pasión y amor? Éstas serán las cosas en las cuales realmente nos estaremos presentando en dedicación y adoración.

Supongamos que las cosas a las que nos presentamos no están alineadas con el Reino de Dios y su manera de vivir. ¿Cómo, pues, podemos libremente ofrecernos a las cosas inmundas de este mundo y luego pararnos listos y confiados delante de Dios en la oración? ¿Cómo podemos esperar respuestas de Dios cuando clamamos a Él, si nosotros estamos muy listos para responder al clamor de este mundo? Ciertamente nosotros ya nos habremos ofrecido primeramente a este mundo, o a las cosas demoníacas, al darles lugar en nuestras vidas.

La oración es cosa seria. No es un talismán de suerte para sacar y obtener nuestros deseos cuando las cosas nos van mal. Tampoco es un deber religioso para hacer como si simplemente decir una oración fuera del agrado de Dios cuando otras partes de nuestras vidas son libremente ofrecidas a otras cosas o a otras personas.

La Biblia nos dice que debemos de tener una actitud de humildad y de pureza delante de Dios, presentándonos a Él como una persona que lo ama y que está entregada a Él y a nadie más. Dios no nos pide vivir una vida aislada e inconsciente del mundo alrededor, ni tener una vida escasa de disfrute. Pero Dios pide que nuestros corazones le pertenezcan a Él primeramente y antes que todo.

Al vivir nuestras vidas cotidianas, y al orar, presentémosnos como un "sacrificio vivo" a Dios, y a Él solamente.

Punto de Acción:

Toma un momento y párate físicamente delante de Dios como si estuvieras ante Su Trono. Haz una presentación de ti mismo a Él en sometimiento humilde a su Señorío en tu vida. Toma otro momento para adorarlo con tu voz en alto.

Tres
Habla con Dios

A través de los años muchas personas me han dicho, "Es que yo no sé ni qué decir ni qué hacer cuando oro." Muchas personas tienen la tendencia de pensar demasiado sobre cómo orar, entonces vamos a hacerlo fácil.

Dios no hace difícil para nosotros el poder accederlo. Dios nos ama y desea entrar y transformar cada parte de nuestra vida, la oración es el acto de darle esta invitación. Yo tengo cuatro hijos y a mí me encanta cuando hablamos. Nunca hay nada muy formal acerca de nuestras pláticas juntos. Simplemente me dicen, "Papá, ¡mira esto…!" Luego hablamos, y me expresan sus sentimientos o lo que esté en su mente. Como papá, a mi me encanta esto. ¿Porque sería diferente con nuestro Papá celestial? Dios nos ama muchísimo. Le encanta escuchar nuestras voces y Él desea una relación profunda con cada uno de nosotros.

Cuando oras, simplemente háblale.

Punto de Acción:
Por los próximos 5 a 10 minutos, habla con Dios acerca de lo

que hay en tu corazón. No hay nada demasiado grande que Él no pueda resolver, y no hay nada muy pequeño que no le importe. Practica una relación conversacional con Dios, tu Papá quien te ama mucho.

CUATRO

Expresa A Dios Tus Angustias

Una manera excelente de comenzar tu jornada en la senda de oración es comprender lo que 1 Pedro 5:7 dice sobre una de las necesidades más grandes en el mundo de hoy. *"Descarguen en Él todas tus angustias, porque Él tiene cuidado de ustedes."*

Hoy en día, nuestro mundo está más ansioso, afanado, angustiado, deprimido y con deseos suicidas como nunca antes. Cuando todo está oscuro y desolado alrededor, y batallamos con la desesperación creyendo que nada jamás cambiará, es cuando necesitamos pararnos firmes y mirar la Palabra de Dios cómo nuestra ancla y a la oración cómo lo que cambiará todo.

David, antes de qué fuera el Rey de Israel, entendió este concepto muy bien. Hubo un momento cuando David ya estaba al final de sí mismo. Fue injustamente perseguido por el Rey Saúl, y estaba huyendo para salvar su vida. Toda su familia y las familias de todos sus hombres fueron secuestradas. Además, todas sus posesiones fueron robadas. En medio de la desesperación y tristeza personal y de todos sus soldados, ellos querían apedrear a David por ser un mal líder.

Me imagino que no hay más angustia y desolación que en un momento así. Sin embargo en 1 Samuel 30:6 dice que en medio de todo, *"David…halló fuerzas en el Señor su Dios."*

La gran verdad es que Dios te ama y está interesado en tu vida. He oído a muchas personas decir que no quieren orar a Dios porque no quieren molestarlo con cosas tan pequeñas e insignificantes. Las cosas que parecen insignificantes no son de molestia para Dios y las cosas que son importantes para ti también los son para Él. No es un pecado de egoísmo orar acerca de tu vida, pedir a Dios por su ayuda, misericordia, perdón, intervención y restauración. ¡Más bien, Él se deleita en ti!

Cuando oras, depositas todas tus cargas delante de Sus pies. Él es lo suficientemente fuerte para cargarlas, y tú, por al contrario, no lo eres. Dile las cosas grandes y las cosas pequeñas por igual. Derrama tu corazón delante de Él porque Él cuida de ti. Tal como lo hizo David en la oración, hallarás tu fortaleza en Dios.

Punto de Acción:
Sabiendo que Dios cuida de ti y que tu vida le importa, dile lo que te afana y continúa practicando una relación conversacional con Él. Después de entregarle tus afanes, adóralo y deja que Él te llene de fuerzas, fe y confianza.

Cuando oras,

cultiva a propósito una relación

con Dios y permite que Él te

hable y deja que Él se

revele más de sí

mismo a ti.

CINCO

La Amistad Del Señor

La oración es un tiempo de cercanía íntima y amistad con Dios. La oración no es solamente hablar con Dios sino también permitir que Él te hable a ti. Salmo 25:14 dice, *"El señor es amigo de quienes le temen, y confirma [revela] su pacto con ellos."* Cuándo oras, toma tiempo para escuchar y no sólo hablar.

Mientras nosotros aprendemos a temer y honrar al Señor, entramos en una amistad profunda con Él. La palabra "amistad" en el hebreo también se traduce como "secreto." Aquellos que vivimos en esta relación escondida con Dios en oración, tenemos la promesa que Él confirmará, o revelará a nosotros más de sí mismo y de "su pacto." En otras palabras, el Señor mostrará sus secretos íntimos a aquellos que somos sus amigos cercanos y dignos de confianza, al igual que nosotros compartimos los detalles más personales de nuestra vida a aquellos que son más cercanos y dignos de confianza.

Cuando oras, cultiva a propósito una relación con Dios y permite que Él te hable y deja que Él revele más de sí mismo a ti. Sólo pídele y sigue buscándole. Aquellos que buscan hallarán (Mateo 7:7), y aquellos que buscan más allá hallarán más (Mateo 13:12), y Dios recompensará a quienes le busquen diligentemente (Hebreos 11:6). Buscar al Señor en oración es una travesía emocionante y de gran satisfacción para conocer el corazón de Dios.

Punto de Acción:

Pídele a Dios que se revele más de sí mismo a ti. Toma tiempo para simplemente esperar y escuchar a Dios. Aprender a escuchar y esperar al Señor no es fácil ¡pero es muy emocionante!

SEIS

Oraciones De Arrepentimiento

El Rey David se conocía como "un hombre según [el] corazón [de Dios]," (1 Samuel 13:14, RVA-2015). Aún así David cometió un pecado horrible: se acostó con la esposa de otro, trató de esconder el pecado, y cuando no lo pudo esconder, él mató al otro hombre. En Salmos 51, David se arrepintió de sus pecados y recibió el perdón de Dios.

Quizá tú digas que tú nunca has cometido un pecado tan terrible, pero la verdad es que todos nosotros hemos pecado. Pecados grandes o pecados pequeños; pecados conocidos o desconocidos, todos hablan de nuestra culpabilidad delante de Dios. Romanos 6:23 dice que la paga del pecado es la muerte, y que todos nosotros la merecemos.

Existe una dificultad constante para los que ya nos hemos arrepentido de nuestros pecados y hemos recibido el perdón de Dios en Cristo Jesús. La realidad es que aún después de conocer a Jesús como nuestro Señor y Salvador, nosotros hemos cometido pecados una y otra vez. Luego tenemos que lidiar con la verguenza y condenación que nos siguen y nos hacen querer escondernos de Dios.

Aún así Dios nos invita a recuperar nuestra relación con Él por medio del arrepentimiento. Romanos 2:4 nos dice que la *"bondad de Dios te guía al arrepentimiento."* El arrepentimiento no es solamente decir "Lo siento." Más bien es un cambio total de dirección, en un giro de 180 grados; es ir en el sentido contrario a lo que antes caminábamos. Antes caminábamos en el pecado lejos de Dios, y ahora hemos dado la espalda al pecado y nos hemos volteado hacia Dios.

Dios no busca a personas perfectas, pero está buscando un corazón volcado hacia Él. No busca la perfección como la entendemos nosotros, más bien busca progreso en nuestras vidas. Aún si tropezamos y volvemos a cometer pecado, podemos estar confiados de que cuando oramos y nos arrepentimos, "Él será fiel para perdonarnos y limpiarnos de toda injusticia" (1 John 1:9).

¿Te acuerdas que Jesús nos dijo que perdonáramos a alguien cuantas veces se arrepienta (Lucas 17:4)? Si Dios a nosotros nos manda a vivir de esta forma, ¿cómo Él no podría perdonarnos también cuántas veces nos arrepintamos del pecado? David dijo en Salmo 51:17, *"Tú, Dios mío, no desprecias al corazón contrito y humillado.*

Punto de Acción:
Ninguno de nosotros somos perfectos. Dios sabe esto y todavía nos ama apasionadamente. Toma tiempo para escudriñar tu corazón y permitir que el Espiritu Santo y tu conciencia te muestren si hay algún pecado en ti. Confiésalo a Dios y arrepiéntete de estos pecados.

<small>SIETE</small>
Lo Que Dios Quiere, No Lo Que Tú Quieres

En verdad a Dios le importa cada detalle de tu vida. Él desea tu felicidad y satisfacción. No está desinteresado acerca de tus deseos personales, y hasta está dispuesto a dártelos como un buen padre daría buenas cosas a sus hijos.

Yo doy regalos a mis hijos a veces sólo porque a ellos les gusta y simplemente sin ningún motivo. Sin embargo, aunque Dios suplirá cada una de nuestra necesidades, Él no está obligado a concedernos cada uno de nuestro deseos caprichosos. Habiendo dicho esto, ¿nunca has orado por algo y luego no lo recibiste? ¿Y luego de no recibirlo, decidiste que la oración no funciona? Santiago 4:2 dice, *"pero no obtienen lo que desean, porque no piden..."* entonces, luego dices, *"¡Pues yo pedí! ¿Entonces?"*

Antes de esto, en Santiago 4:1, La Biblia nos dice que son nuestras pasiones carnales que causan pleitos, envidias, guerras y enemistades entre nosotros. Peleamos duro para obtener lo que queremos, pero Santiago nos dice que no tenemos lo que queremos porque no pedimos. En otras palabras, Dios suplirá nuestras necesidades, y Él está dispuesto a satisfacer nuestros muchos deseos, pero tenemos que llegar primero delante de Él en oración, y no luchando con nuestras fuerzas y deseos pecadores .

Luego Santiago continúa diciendo, *"Y cuando piden algo, no lo reciben porque lo piden con malas intenciones, para gastarlo en sus propios placeres"* (4:3). Esto significa que cuando peleamos por lo que queremos, lo hacemos desde nuestro ser carnal y egoísta. Luego cuando aprendemos que Dios contesta la oración, dejamos de luchar el uno contra el otro, y entonces utilizamos la oración como otro recurso de satisfacer los mismos deseos egoístas. La oración no es otra manera de obtener nuestras aspiraciones egoístas cuando no pudimos lograrlo peleando y luchanado. Así no funciona la oración, y Dios no es Santa Clause.

La oración no es una lista de deseos; la oración es alinearnos con Dios. Nuestras palabras, corazones, espíritus y voluntad todos deben alinearse con lo que Dios está haciendo y lo que Él desea. Nuestras oraciones son el punto donde Dios suelta todo lo que Él quiere hacer en el mundo que está alrededor de nosotros. Dios no está obligado a contestar nuestros deseos egoístas, mucho menos cuando nuestros corazones están llenos de egoísmo, enojo y envidia. Dios quiere que los deseos en su corazón lleguen a ser los deseos de nuestro corazón, dos corazones latiendo al mismo ritmo, realizando los mismos propósitos juntos como Padre e hijo/a.

Cuando oramos, debemos discernir lo que Dios quiere para la situación y estar en acuerdo con Su voluntad. Ora por un espíritu conectado con Su Espirítu, no desde la carne ni los deseos egoístas, sino de un corazón puro y doblegado a Él.

Punto de Acción:

Escudriña tu propio corazón para contestar la pregunta: ¿Por qué estás orando lo que estás orando? ¿Es para obtener tu propio camino, o procurar la voluntad de Dios? ¿Tus peticiones se alinean con el corazón de Dios para contigo mismo, tu familia, tus finanzas, tu iglesia, etc.?

Si es para motivos egoístas, arrepiéntete. Pide que el Espíritu Santo te revele el corazón de Dios y su voluntad para la situación o persona. Cuando te lo revele sigue con tu oración.

Ocho
Las Oraciones Que No Funcionan

Hay momentos cuando parece que nuestras oraciones sólo llegan hasta el techo y luego rebotan de regreso al suelo. Puede haber varias explicaciones por eso, pero una explicación crucial viene de Malaquías 2:13-16.

El profeta Malaquías dirigía sus mensajes a los sacerdotes de Dios en Israel. Ellos habían cubierto el altar de Dios con sus lágrimas y sus oraciones, pero Dios no los escuchaba ni aceptaba su adoración. Ellos gemían a Dios, preguntándole por qué no aceptaba sus ofrendas, y Dios les respondió diciendo que ellos no habían sido fieles.

El profeta definió su infidelidad tanto para Dios como para sus esposas. Casados o no, rompiendo nuestras promesas o siendo infieles a Dios, puede causar que nuestras oraciones no sean contestadas. ¿Cómo podemos nosotros ser infieles a Dios, o a nuestros votos, y luego esperar recibir la fidelidad de Dios de regreso en forma de oraciones contestadas?

1 Pedro 3:7 Reitera este mismo concepto. La manera que tratamos al cónyuge puede ayudar o estorbar nuestras oraciones. Si no escuchamos el clamor de otros, y está dentro

de nosotros el poder ayudar, ¿por qué deberá Dios escuchar a nuestro clamor? Cosecharemos lo que sembramos. Dios espera que seamos fieles, bondadosos y comprensivos al igual que Él es fiel, bondadoso y comprensivo hacia nosotros. Reciprocamente, Dios nos dará lo que hacemos a otros.

El amor para Dios y otros, y la fidelidad a nuestras promesas son claves para las oraciones contestadas.

Punto de Acción:

Has sido infiel y/o has cometido un pecado a propósito en un área de tu vida? Toma un tiempo para arrepentirte y pide el perdón de Dios y que la sangre de Jesús te limpie de toda injusticia (1 Juan 1:9). Comienza a orar desde un corazón puro y fiel para Dios.

^{Nueve}
Las Oraciones De Fe

Me han enseñado durante toda mi vida que Dios contesta la oración y que Jesús es nuestro Sanador. Luego cuando mi papá repentinamente murió a los 49 años de un aneurisma cerebral, comencé a cuestionar la efectividad de la oración y hasta mi propia fe. Cuando miles de personas alrededor del mundo oraban fervientemente por él, mientras él yacía en el hospital inconsciente, lo peor sucedió: él murió a pesar de las muchas oraciones. Supongo que eso es suficiente para conmover la fe de cualquier persona.

Después de mucho llanto, mucho escudriñamiento del alma y mucho tiempo hablando con Dios, yo determiné que había puesto mi fe en lo equivocado, lo cual es una equivocación común que muchas personas hacemos. Puede sonar eso raro porque yo puedo decirte que yo deposité mi fe en Dios durante toda la situación. Aún así, mi fe estaba mal colocada. Había colocado mi fe en el poder de Dios para que hiciera lo que yo pensaba que debería hacer. Dios es nuestro Sanador, ¿verdad? Dios quiere sanar, ¿verdad? Dios tiene el poder para sanar, ¿verdad? Entonces, Dios sanará…Y sanará en la forma cómo yo lo comprendo y lo deseo. Pero así no sucedió .

Pero poniendo nuestra fe en el poder de Dios para que Él haga lo que queremos que Él haga, o lo que pensamos que debería estar haciendo, no siempre nos satisfará. Dios nunca ha estado obligado a lo que nosotros pensamos o queremos. ¿Que le importa lo que queremos? Sí. ¿Obligado a hacerlo?

No.

Cuando a veces las oraciones no parecen servir o la respuesta es el opuesto de lo que pedimos, no significa que Dios es un fraude o está desinteresado en nuestros deseos.

En lugar de poner la fe en lo que pensamos que Dios debe hacer, es mejor depositar la fe en el carácter de su bondad. Si pasa lo mejor o lo peor—y hay momentos en la vida cuando lo mejor pasa y lo peor pasa—Dios sigue siendo bueno y permanece fiel. Siempre puedes contar con esto. Nunca te des por vencido en la oración, aún cuando la situación parece no redimible o incomprensible. Dios sigue siendo bueno.

Punto de Acción:

La fe es un regalo del Espíritu Santo. Si escaseas de fe, toma tiempo para estar orando con el Espíritu Santo. Pídele que te infunda una nueva y fresca fe y que te ayude a confiar en la bondad de Dios para tu vida. Acuérdate, Dios conoce los planes que tiene para ti y que son para el bien y no para el mal, para darte un futuro y una esperanza (Jeremías 29:11).

Dios quiere que
sus hijos crezcan para
llegar al punto donde
jamás dudarán de su
bondad o de su poder.

DIEZ

La Oración Y La Duda

Cuando le pedimos a Dios por cualquier cosa, la Biblia es clara que no deberíamos dudar. Debemos estar firmes en nuestra fe, creyendo que vamos a recibir lo que pedimos. Santiago 1:7-8 dice que la persona que pide y luego duda *"no piense que recibirá del Señor cosa alguna pues quienes titubean son inconstantes en todo lo que hacen."* Tal vez esto parezca algo contradictorio al capítulo anterior. Lo creemos y lo recibiremos, pero luego no lo recibimos, ¿entonces qué?

Dios quiere que sus hijos crezcan para llegar al punto donde jamás dudarán de su bondad o de su poder. No está bien ni correcto decir una cosa acerca de Dios y luego creer otra. En el mejor de los casos, esto es inestabilidad, y en el peor de los casos, es hipocresía. Si tú pides, Dios lo dará. Créelo.

Hay momentos cuando Dios contesta una oración pero no reconocemos la respuesta, o la respuesta es incomprensible para nosotros. Por ejemplo, mi papá sí fue sanado. Solamente no fue sanado en este lado del Cielo. Pero en el Cielo, sin duda está sano. La realidad es que los que son sanados en esta vida terminan un día muriendo por igual. La sanidad total siempre está del otro lado de la eternidad.

Dios está en el proceso de forjar a un pueblo, el cual le confiará todo el tiempo y en todas las cosas aún cuando no comprendemos su plan. Los que no creen nada de Dios no serán decepcionados porque no recibirán nada de Él. Pero los que creen en Dios, inquebrantablemente y sin duda, tampoco serán decepcionados porque ellos sí recibirán.

Punto de Acción:

Si has sido de doble ánimo en cuanto a tus peticiones, arrepiéntete delante de Dios y Él te perdonará. A lo largo de este libro, hemos tenido muchos momentos de arrepentimiento. Pero no nos estamos arrepintiendo por las mismas cosas una y otra vez. La razón es que hay mucho más dentro de nosotros de lo que nos damos cuenta, y el Espíritu Santo es fiel para sacarlos de nosotros. Otra vez, pide que el Espíritu Santo te inunde con una nueva y fresca fe en su bondad.

ONCE

Cuándo Parece Que La Oración No Funciona

Hay momentos de la vida cuando parece que no avanzamos y que nuestras oraciones no son eficaces. Se siente como que estamos en medio de un desierto sin una salida. No se encuentra a Dios en ningún lado, y la oración se siente inútil. Sin embargo, Santiago 1:3-4 dice, *"...cuando su fe es puesta a prueba, produce paciencia. Pero procuren que la paciencia complete su obra, para que sean perfectos y cabales, sin que les falta nada."* El desierto siempre es el lugar de prueba.

La palabra bíblica para "perfecto" lleva la idea de alguien que está completamente maduro. La perfección bíblica no se trata de que nunca más fallaremos, sino que es alguien que ha alcanzado su pleno potencial. Cuando yo he pasado por semejantes tiempos en el desierto, he notado que 1) mis oraciones siguen siendo eficaces, y 2) Dios me está probando para ver si, seré fiel para amarlo, buscarlo y orar aunque no lo sienta. ¿De qué vale una relación si sólo permanece en los buenos tiempos?

La madurez se trata de la fe, paciencia y persistencia. A Dios no le interesan los amigos sólo en la prosperidad—quiere hijos e hijas maduros que tendrán una fe inconmovible y que perseverarán con Él en oración y en una creciente relación. Cuando salimos del desierto, encontraremos que somos más fuertes, más maduros y que nuestra relación con Dios es más sólida.

Cuando tú oras, no te des por vencido, que el desierto no dura para siempre.

Punto de Acción:

Este punto de acción es muy peligroso, pero pide a Dios que te dé la paciencia. Pídele solidificar tu fe de tal manera que seas inconmovible. Pídele que te lleve a una jornada de madurez y de fe asombrosa. Cuidado, ¡esta jornada es muy difícil!

DOCE

Oraciones Profundas

La oración es como ninguna otra cosa en nuestras vidas espirituales. La oración nos puede levantar hasta donde está Dios. A través de ella, conversamos con Dios y participamos con Él en todo lo que hace en la tierra. Es un privilegio enorme. Mas la profundidad de conocer a Dios en la oración tiene que ver con el estado del corazón.

Un corazón infiel, sin fe, pecador y no sincero no puede ir más a fondo con Dios. Jesús dijo en Mateo 5:8, *"Bienaventurados los de limpio corazón, porque ellos verán a Dios."*

El rey David cantó en Salmo 24:3-4 que los que *"merecen subir al monte del Señor"* son los que tienen *"limpias las manos y puro el corazón."* El libro de Hebreos también nos instruye que *"sin [la santidad]...nadie verá a Dios"* (Hebreos 12:14). El estado del corazón en la oración y la adoración tiene todo que ver con la continua progresión de la obra de Dios en nuestras vidas.

Dios es puro y santo en todo lo que es y en lo que hace. Entre más cerca queremos estar con Él, más Él requiere de nosotros. Es como Moisés acercándose a la zarza ardiente.

Dios le instruyó que removiera de sus pies su sandalias. Los zapatos son los que nos desensibilizan al mundo alrededor, nos permiten caminar por toda clase de mugre sin que nos afecte. Pero cuando Moisés se acercó a la Tierra Santa, tuvo que remover la insensibilidad y la mugre de sí mismo. Nosotros no podemos de buena voluntad caminar por la basura de este mundo y luego correr hacia la santidad de Dios con la misma basura aferrada a nosotros. Sería lo mismo como caminar por un baño público y luego correr por donde hay mucho excremento de perro y así entrar en tu boda.

Entre más nos acercamos, más limpios debemos ser. Entre más limpio somos, más profundas y eficaces nuestras oraciones serán. La profundidad de nuestra oración y adoración está directamente relacionada a la profundidad de nuestra relación con Dios.

Punto de Acción:

Pídele al Espirítu Santo que te revele cualquier cosa en tu vida que no le agrada. Continuamente, activamente y agresivamente remueve estas cosas de tu corazón para mantener tus vestimentas limpias (Apocalipsis 16:15) para que te puedas acercar más y más al Señor.

TRECE

Desechar Todo Lo Que Te Tropieza

La oración es más que un momento de hablar con Dios; si lo permites, es una jornada hacia una intimidad más profunda con Dios y una colaboración total con Él. Pero de ninguna manera es una jornada fácil.

Hebreos 12:1 habla de esta jornada con Dios, *"liberémonos de todo peso y del pecado que nos asedia, y corramos con paciencia la carrera que tenemos por delante."*

Nada estorba nuestra vida de oración más que el pecado. Destruye nuestra confianza delante de Dios, causa el remordimiento, la condenación y la vergüenza. Nos pone en un ciclo de vergüenza que nos hace querer huir de Dios en lugar de acercarnos más a Él. Ensucia el corazón con toda clase de mugre mundana, nos causa perder el enfoque y tornar nuestros corazones hacia el mundo. Hasta causa que nuestro amor para Dios se enfríe (Mateo 24:12).

El pecado nos pesa y nos agobia con la condenación de este mundo y luego nos obstruye para ser y hacer aquello por lo cual Dios nos creó. Nuestras vidas espirituales deben ser enfocadas en Dios en todo tiempo; así que, ¡Deséchate de todas estas cosas!

Éste es un llamado para el arrepentimiento y el re-enfoque, para que la potencia y la intimidad de nuestras oraciones no sean estorbadas.

Cuando tú oras, toma tiempo en la presencia de Dios y permite que el Espíritu Santo te redarguya del pecado. Enseguida, arrepiéntete para que puedas orar sin estorbo. Si te sientes avergonzado y no puedes acercarte a Dios, tienes que luchar más allá del sentimiento. Dios no te rechazará . Ve a Él, y Él quitará la carga de la condenación.

Punto de Acción:

Acuérdate que no hay condenación para los que están en Cristo Jesús. A pesar de cualquier vergüenza que tú sientas en su presencia, ven a Él. Otra vez, confiesa tus pecados. ¿Por qué tanta confesión y arrepentimiento? Porque hay mucho más pecado en nosotros de lo que nos damos cuenta. Y reitero que el Espíritu Santo, a través de una relación profunda, todavía estará sacando el pecado de los niveles más profundos del corazón. Aunque el Apóstol Pablo no estaba hablando específicamente del arrepentimiento, todavía este versículo aplica, *"nunca me canso de decirles estas cosas y lo hago para proteger su fe"* (NTV).

Catorce

Oraciones Fervientes

Cuando la mayoría de personas oran, o lo hacen en sus mentes o susurran suavemente moviendo los labios. Seguramente Dios escucha todas las oraciones, y muchas veces estas oraciones son muy eficaces. Sin embargo, hay otros momentos cuando la oración del susurro no alcancan la necesidad.

Santiago 5:16 dice, *"La oración del justo es muy poderosa y efectiva."* Hay oraciones bonitas. Hay oraciones calladas. Luego hay algunas oraciones que requieren que pases a otro nivel. Cuando una mujer pare, ella no está en paz. Ella está en dolor y está empujando duro para parir una nueva vida. Esto es intenso—la falta de intensidad no hará nacer la nueva vida..

Santiago, después de hablar sobre la oración ferviente, enseguida habla de Elías, un profeta, quien con la dirección de Dios, oró para que la lluvia cesara, y así fue hecho. Luego el Señor le dijo a Elias que orara por la lluvia. La historia de la lluvia, regresando al libro de 1 Reyes 18:41-46 nos dice que Elias subió a una montaña, puso su cabeza entre sus piernas y, como una mujer pariendo, oró fuertemente—y luego lo hizo siete veces consecutivas hasta que sus oraciones dieron a luz la respuesta. No eran oraciones débiles, sino eran intensas, fervientes, trabajadoras y empujadoras. A veces la oración es un duro trabajo para empujar la respuesta desde el entorno espiritual hasta que se vea en el entorno físico.

Cuándo oras y parece que nada sucede, ora fuerte...y luego ora aún más fuerte. ¡Nunca te des por vencido!

Punto de Acción:

¿Cuál es la necesidad más fuerte en tu vida, tu familia, tu salud u otra situación donde necesitas victoria? Practica la oración ferviente en voz alta. Encontrarás que entre más lo haces, más el Espíritu Santo te despertará en tu vida de oración.

La oración es una herramienta poderosa para combatir las tácticas del diablo en contra de tu vida.

QUINCE

Oración Vigilante

La oración y conexión con Dios naturalmente producirá una persona vigilante y alerta. La Biblia habla de estar listos en nuestra vida espiritual.

En Mateo 25:1-13, Jesús contó una parábola de diez jóvenes mujeres esperando al Novio de la boda. Las diez estaban en el mismo lugar, con las mismas lámparas, con el mismo aceite, con las mismas llamas, esperando por el mismo tiempo por la misma persona. Aún así, cinco de ellas dejaron que se apagaran sus lámparas, y así su sopor espiritual permitió apagar su llama de amor. La mitad de ellas perdieron la llegada del Novio. La falta de vigilancia tiene un precio terrible.

1 Pedro 5:8 nos dice, "*Sean prudentes y manténganse atentos, porque su enemigo es el diablo, y él anda como un león rugiente, buscando a quien devorar.*" La oración es una herramienta poderosa para combatir las tácticas del diablo en contra de tu vida. Él busca los que espiritualmente están enfermos, débiles, dormidos e inconscientes, o los que están separados del pueblo de Dios son presa fácil para el diablo.

En el momento más fuerte de tentación de Jesús, en las horas antes de ir a la cruz, Él dijo a sus discípulos, *"Manténganse despiertos, y oren, para que no caigan en tentación. A decir verdad, el espíritu está dispuesto, pero la carne es débil"* (Mateo 26:41).

Jesús no quería ir a la cruz. Él rogó al Padre que hallara otra manera, pero se sometió a la voluntad del Padre. Cuando llegó el momento de su tentación, le arrestaron para llevarlo a su muerte, se sometió; Jesús pasó la prueba. (El Huerto de Getsemaní fue una tentación—yo creo que era la tentación más fuerte para Jesús. Fue una tentación por el mero hecho que Jesús dijo que oraran para no caer en tentación. Además, Jesús dijo que tenía disponible legiones de los ejércitos celestials (Mateo 26:53). Jesús hasta luchó contra la voluntad de Dios para ir a la cruz (Mateo 26:39). ¡Y aún así se negó a sí mismo!) Pero los discípulos se durmieron durante todo el tiempo de oración, no se mantuvieron firmes y al final huyeron, y al poco tiempo, Pedro le negó tres veces.

El llamado de Jesús para la oración vigilante y el enfoque en Dios es para estar atentos a la vida espiritual. Si los discípulos hubieran orado antes del momento de la tentación, se habrían mantendio firmes.

Sé constante en la oración y sé firme.

Punto de Acción:

Parte de velar y estar alerta es la consistencia. Sé consistente en tus oraciones. Para este capítulo no hay un sólo punto de acción o particular.

Este punto de acción se tiene que llevar a cabo consistentemente a lo largo de tu vida. No bajes la guardia. Vela. Sigue orando.

DIECISÉIS

Sin Miedo, Con Confianza Total

Cuándo llegamos a donde Dios en oración, necesitamos venir en fe, sin miedo y con confianza total. El miedo indica una falta de confianza en que Dios es más grande que la circunstancia. La falta de confianza indica la vergüenza o la creencia de que Dios no nos ama, así no nos escuchará.

Efesios 3:12 dice, *"[El Señor Jesucristo] en quien tenemos seguridad y confiado acceso por medio de la fe en Él."* La palabra clave es fe. No es por medio de nuestra propia justicia que podemos llegar a Dios, es por la vida de Jesucristo. Tú y yo no tenemos nada que ver con ello sino el tener fe. Y ahí Dios se encontrará con nosotros.

En Éxodo 25:22, leemos acerca del arca del pacto, que fue construida para representar la presencia de Dios. El arca fue cubierta por la tapadera que se llama el propiciatorio. Dios dice acerca de este lugar, *"desde ahí…Hablaré contigo… de entre los dos querubines que están sobre el arca del testimonio."*

El propiciatorio es más que solamente la tapadera del arca, también es donde una vez por año el sumo sacerdote entraba para hacer propiciación por los pecados de Israel, y ahí obtenía el perdón y la misericordia de Dios. A mí me encanta que Dios se encuentra con nosotros en la oración al frente de su silla de misericordia y propiciación, ¡no en su silla de juicio! Ahí nos invita a hablar con Él en su presencia, y ahí nos enseña su Palabra.

Cuando oras, encuéntrate con Dios en la silla de misericordia con confianza y sin miedo. No sólo habla con Dios, deja que Él te hable y te enseñe mientras tú le escuchas y lees la Biblia.

Punto de Acción:

Practica venir confiadamente ante Dios. No permitas que el pecado no te deje llegar ante Su presencia. Si hay pecado no confesado, trata con ello, arrepiéntete, y Dios te perdonará. Luego párate confiadamente ante Dios mientras oras. Acuérdate, Él te ama muchísimo.

DIECISIETE

El Llamado Alto De La Oración

Filipenses 3:14 Nos da una perspectiva maravillosa sobre nuestras vidas espirituales, *"En busca de la meta, trofeo al que Dios, por medio de Cristo Jesús, nos llama desde lo alto"* (BLP). Nuestro llamado es desde lo alto y hacia lo alto. La oración nos causa subir hasta donde está Dios, encontrarnos con Él, hablar con Él y hacer su trabajo junto a Él.

Isaías 40:31 dice que *"Los que confían en el Señor recobran las fuerzas y levantan el vuelo, como las águilas…"* Éste es la mayor indicación de un llamado hacia lo alto. Las águilas ascienden y suben hasta lo más alto. Mientras esperamos en Dios, se nos dice que nosotros, también, podemos subir hasta otro nivel espiritual a través de la oración, la adoración, el esperar en Dios y la meditación en su Palabra.

El Rey David escribió en Salmo 24:3-4 sobre las personas a las cuales Dios permite ascender a su lugar santo, *"¿Quien merece subir al monte del Señor?… sólo quien tiene limpias las manos y puro el corazón…"* Dios permitiendo este honor a ciertas personas no ejerce favoritismo, esto es para aquellos que están dispuestos a pagar el precio para encontrarse con Dios según sus términos y a su manera.

Dios es bondadoso para encontrarse con nosotros donde estemos, aún en nuestras debilidades. Pero hay una diferencia, entre encontrarse Dios con nosotros en nuestra debilidad y el encontrarse con nosotros según nuestros términos y a nuestra manera. Él no se dobla ante nuestros términos. En nuestras debilidades, nos ama y nos enseña. Pero mientras nosotros crecemos, es en la oración que aprendemos a levantarnos y encontrarnos con Dios donde Él está, según sus términos y a su manera.

Esta es la descripción de aquellos que continuan subiendo y ascendiendo hasta donde está Dios: "... *sólo quien tiene limpias las manos y puro el corazón, sólo quien no invoca a los ídolos ni hace juramentos a dioses falsos.*" Estas personas merecen *"subir al monte del Señor,"* y es "el llamado" hacia lo alto. Entre más nos acercamos, más alto estaremos en la presencia de Dios, nuestras manos y corazón deberán estar limpios.

Cuando tú oras, lleva todo quien tú eres al Señor y permite que Él limpie tus manos para que te lleve aún más cerca de Él. Como lo dijo C.S. Lewis, "¡Entremos sin miedo y subamos más!

Punto de Acción:

Pagar el precio para encontrarte con Dios en Maneras nuevas y poderosas requiere constancia, fidelidad, y pasión para buscar al Señor. Practica buscar al Señor en la oración, la adoración, la conversación y esperar. Si tú le buscas, tú le hallarás (Mateo 7:7).

Dieciocho

La Oración Que Invita Al Rey De La Gloria

En el último capítulo, miramos la primera parte del Salmo 24. En Salmo 24:7, la segunda parte de esta canción, el cantor clama, "*¡Ustedes, puertas, levanten sus dinteles! ¡Ensánchense ustedes, puertas eternas!¡Ábrele paso al Rey de la gloria!*"

Anteriormente en el salmo, el salmista dice que aquellos que pueden subir hasta donde está Dios, son los que se mantienen puros. El mismo hombre que se mantuvo puro y ascendió hasta donde Dios está en los lugares celestiales, ahora está tocando las puertas del Cielo y demandando que las puertas eternas se abran.

¿Quién tiene la audacia para ordenar al Cielo abrirse? Los que tienen el corazón puro y las manos limpias tienen el denuedo en la oración que provocará que los Cielos se abran, y así invitando al Rey de la Gloria entrar en cualquier situación con poder transformador.

No es que Dios no escucha las oraciones de otras personas, pero esta clase de oración es a otro nivel. No es una plegaria por auxilio o perdón, es la oración de confianza de una persona viviendo en santidad delante de Dios, y sus oraciones sacuden el mundo por permitir la entrada del gran Rey. Cuándo aprendemos a vivir en otra dimensión espiritual (uno que vive en pureza, santidad, y uno que espera en el Señor), encontraremos que nuestras oraciones también estarán afectando al Cielo y a la tierra en otra magnitud de poder.

1 Coríntios 3:16 dice que somos el templo del Espírítu Santo, su mera habitación. Dios está buscando un lugar que dará la bienvenida a Su santidad según sus términos. ¡Quiere una casa limpia!

Cuando nosotros, en fe y en pureza, buscamos al Señor y además nos sometemos al gobierno de su Reino, el Rey de la Gloria entrará de maneras que anteriormente no habíamos experimentado, con más gloria y más efectividad.

Punto de Acción:

Párate delante de tu Padre, el Dios de todo el universo, e invítalo a entrar en tu situación. Clama y ordena que los Cielos se abran en tu vida e invita a su Reino entrar.

Diecinueve

Padre Nuestro Que Estás En Los Cielos
(El Padre Nuestro, 1)

Un día, los discípulos de Jesús le pidieron que les enseñara cómo orar. Jesús en ese instante se puso a orar la oración más famosa de toda la Biblia; Jesús enseñó a sus discípulos el "Padre Nuestro."

"Padre nuestro, que estás en los Cielos..."
(Mateo 6:9-13)

Comencemos aquí.

El principio del Padre Nuestro habla de Dios como nuestro Padre. Como es nuestro Padre, nosotros somos sus hijos. Juan 1:12 dice, *"pero a todos los que le recibieron, a los que creen en su nombre, les dio la potestad de ser hechos hijos de Dios."* Sólo piensa en este concepto por un momento, "hijos de Dios." Dios es el gran Rey del universo, sin límites en su poder y su grandeza, y nosotros tenemos el derecho de llevar sobre nosotros el nombre "Hijo de Dios."

Hay privilegios que mis cuatro hijos tienen que ningún otro

niño en el mundo tiene. Ellos pueden saltar en mi cama en la mañana. Ellos pueden comer toda la comida en la casa y tienen acceso a todo lo que yo tengo, simplemente porque son mis hijos. Como hijos de Dios, debemos darnos cuenta de que ninguna otra cosa en todo el universo tiene este privilegio. Ningún ser angelical ni otra cosa creada es un hijo de Dios.

Todavía no te das cuenta de lo maravilloso que esto es. Piénsalo así: Algunos de los ángeles cometieron pecado. ¿Por qué, pués, Jesús no los redimió? La Biblia dice que los ángeles son los siervos de Dios. Jesús no murió por los siervos de Dios; Jesús murió por los hijos de Dios. Él murió por ti porque tú valor es tan grande como para reemplazarte con Él mismo en la propia muerte. Esto significa que el valor del ser humano es más que cualquier otra cosa en toda la creación. No hizo nada semejante por otra cosa en el universo. ¡Qué maravilla!

Como sus hijos, somos los únicos que podemos acceder a todo lo que nuestro Padre tiene.

Cuando tú oras, hazlo como un hijo/a de Dios, sabiendo que tú tienes todo lo que tu Padre tiene. Éste concepto debería impulsar tus oraciones hacia una nueva dimensión. No hay nada que no es tuyo como hijo/a de Dios.

Punto de Acción:

Aprende acercarte a Dios como tu Padre. Es fácil llamarlo "Señor" o "Dios," pero tus palabras tienen poder para definir, y estas definiciones pueden cambiar la manera que tú interactúas con una palabra, concepto, o persona . Llamar a Dios "Dios" es una cosa, pero llamarlo "Padre" da una nueva perspectiva en tus oraciones. Inténtalo. ¡Cambiará tu relación con Él!

El Reino de Dios...

es el entorno donde

la voluntad y los

propósitos de Dios

se están llevando

a cabo.

VEINTE

La Oración Y El Reino De Dios

(El Padre Nuestro, 2))

En la segunda parte del Padre Nuestro, Jesús oró,

> *"Venga tu Reino, hágase tu voluntad en*
> *la tierra como es en el Cielo."*

Vamos a deshebrar esta frase.

El Reino de Dios simplemente es el entorno donde la voluntad y los propósitos de Dios se están llevando a cabo. Dios tiene su voluntad perfecta para nuestras vidas, nuestras familias, cada situación, hasta para el mismo planeta. Es el plan de Dios para su Reino y propósitos celestiales manifestarse en todo: sanidad para los que están enfermos, restauración para la relación rota, salud para los mentalmente enfermos, liberación para los endemoniados y redención para la misma naturaleza.

En esta oración, Jesús nos está diciendo que podemos invocar el Reino, la voluntad y dominio de Dios, en nuestras vidas y en el mundo. Nuestras oraciones tocan el Cielo, se aferran a la voluntad de Dios y jalan su reino—su poder para liberar, sanar y restaurar—en las cosas por las que estamos orando. Nuestras oraciones crean una senda para que Dios intervenga y cambie cada situación. Donde hay reinado del reino de las tinieblas y las fuerzas del infierno han destruido vidas y circunstancias, ora en el nombre de Jesús y clama para que el reinado de Dios se manifieste "en la tierra" igual como ya lo es "en el Cielo."

Cuando tú oras, invoca al gobierno del Reino de Dios y declara sus propósitos en la persona o la situación por la que estás orando.

Punto de Acción:

Nombra tu situación o tu petición de oración ante Dios y luego invita el dominio y poder de su Reino para entrar y cambiar todo, para que sea igual aquí en la tierra como lo desea Dios desde el Cielo. Tus palabras son portones para cruzar el Cielo con la tierra ahí donde tú estás.

Veintiuno

La Oración De Provisión
(El Padre Nuestro, 3)

Cuándo Jesús enseñó a sus discípulos orar lo que se conoce como el "Padre Nuestro," nos enseñó a orar así,

> *"El pan nuestro de cada día, dánoslo hoy."*

Muchas veces es en nuestra necesidad de provisión diaria donde hallamos mucha ansiedad, afán y estrés. ¿Cómo voy a pagar el alquiler? ¿Qué vamos a comer? ¿Cómo voy a pagar este gasto inesperado? ¿Qué hago ahora que perdí mi trabajo?

Dios conoce quién eres, donde tú estás, y cuáles son tus necesidades. Nada le toma por sorpresa, tampoco esta ansioso por los asuntos de la vida. Dios nos invita a orar acerca de estas situaciones. La oración desata lo sobrenatural. La oración mueve la mano de Dios. La oración en fe y confianza total en la bondad y recursos de Dios nos llevarán a una vida de provisión.

Me recuerdo de un momento en mi vida cuando no había dinero después de cada día de pago. Era totalmente frustrante. Todos los días estaba enojado y muy cortante con mi esposa y mis hijos. Un día el Espíritu Santo me habló diciendo, "No me confías." Yo le respondí que yo pensaba que sí, cuando enseguida me dijo, "Si tú me confiaras, no estarías enojado todo el tiempo. Tu enojo con la situación significa que no confías que yo puedo arreglar la situación." Tenía razón el Espíritu Santo. Inmediatamente yo me arrepentí y cambié mi actitud. En la siguiente semana, toda nuestra situación financiera se resolvió.

Dios no hace excepción de personas. Lo que hizo para mí, también lo puede hacer para ti. Aprende a orar acerca de estas cosas y luego a confiar en Dios. ¡Jamás te fallará!

Punto de Acción:
Simplemente ora y presenta tus peticiones a Dios con fe como la de un niño, sabiendo que Él te ama y Él te responderá.

Veintidós

La Oración Y El Perdón

(El Padre Nuestro, 4)

Cuándo Jesús enseñó a sus discípulos a orar lo que se conoce como el Padre Nuestro, así les enseñó,

> *"Perdónanos nuestras deudas, como también nosotros perdonamos a nuestros deudores."*

La falta de perdón puede ser un grandísimo estorbo para nuestras oraciones. ¿Cómo podemos no perdonar a la gente y aferrarnos a nuestro enojo y luego esperar recibir el pleno perdón de Dios? Así cómo tratamos a otras personas, Dios también nos tratará de la misma manera. Dios muestra misericordia cuando nosotros mostramos la misericordia. Salmo 18:25 dice, *"Señor, tú eres fiel con el que es fiel, intachable con el que es intachable."*

El Mateo 7:1-2, Jesús nos dice, *"No juzguen, para que no sean juzgados. Porque con el juicio con que ustedes juzgan, serán juzgados; y con la medida con que miden, serán medidos."*

Mateo 18:32-35 cuenta la parábola de un siervo que no quiso perdonar, y las consecuencias fueron horribles por su falta de perdón. Jesús no tenía "pelos en la lengua". Si tú rehúsas perdonar a otros Dios retractará su perdón de ti.

Cuando tú oras, pide cuentas a tu propio corazón y pídele a Dios que te muestre cualquier falta que necesites tratar y que produzca carencia de perdón a otros y en tu vida. Perdona activamente con quienes estás enojado y no has perdonado. Luego pídele a Dios por perdón para tu propio corazón. Tus oraciones no serán estorbo tu vivirás en libertad personal.

Punto de Acción:

Toma tiempo para escudriñar tu corazón. Piensa, ¿Quién te ha lastimado? ¿Qué clase de dolor o enojo todavía traes contigo? ¿A quien no le has extendido el perdón todavía? Si encuentras esto muy difícil, pídele al Espíritu Santo te ayude a amar a la persona que te hizo daño. Ora por la persona. Permite que el Espíritu Santo haga espacio en tu corazón para amarlos y luego perdonarlos completamente para que no haya ningún impedimento en tu vida.

VEINTITRES

La Oración Y La Tentación
(El Padre Nuestro, 5)

Cuándo Jesús enseñó a sus discípulos a orar lo que se conoce como el Padre Nuestro, así los enseñó,

> *"No nos metas en tentación sino líbranos del mal."*

La tentación está alrededor de nosotros todo el tiempo. No tenemos que ir en búsqueda de ella, ella viene buscándonos a nosotros. La tentación, que muchas veces viene en forma de las redes sociales, sitios del internet, programas en la televisión y música, nos seduce a vivir de maneras que no le agradan a Dios. Puede ser que tenemos amigos los cuales nos persuaden a tomar, fumar, vivir en inmoralidad, hablar de manera muy fea o nos inducen a tomar malas decisiones. Pero no estamos solos.

Hemos de orar con fuerza y fe para no tambalear y para que nuestro amor por Dios siga fuerte. 1 Coríntios 10:13 Nos dice que Dios ha hecho una ruta de escape para nosotros en cada tentación.

Cuando tú oras, fortalécete en el Señor, enfócate en Él, usa tu espada—que es la palabra de Dios— para pelear en contra del enemigo y huye de la tentación. Por ejemplo, Jesús utilizó la Palabra de Dios para combatir cada tentación que el diablo le provocaba. De la misma forma, conociendo la Palabra de Dios y parándonos firmemente sobre ella, podemos usarla frente a la tentación como una espada con la cual podemos derrotar al enemigo.

Punto de Acción:

Tú sabes muy bien con qué luchas. Mantente alerta y vigilante en tus oraciones y en tu vida personal, Tanto en lo que haces como en lo que piensas. Pídele al Espíritu Santo por su poder para ayudarte evitar y derrotar a la tentación. ¡Su gracia es suficiente para ti!

Veinticuatro
La Posición De La Oración

Todo lo que hemos leído hasta este punto en el libro ha sido para aumentar nuestro entendimiento de los grandes logros que se obtienen con la oración y con nosotros. La oración es mucho más que una *petición* o *conversación*. Nos lanza hacia nuestra *posición*, la razón por la que Dios nos creó: la oración es una participación activa con Dios en gobernar este mundo.

Génesis 1:26 dice que Dios nos creó en su imagen y semejanza para el propósito de tener dominio sobre todas las cosas en este mundo. En otras palabras, hemos de ser como Dios es: hacer como Él hace, amar como Él ama, y hablar como Él habla, haciéndo a otras personas y al mundo alrededor lo que Él mismo haría.

Cuando Dios creó, Él habló y todo comenzó a existir. Por el hecho de que nos creó a su imagen, Dios hizo que nuestras palabras fueran creativas y poderosas tal como las suyas lo son. Nuestras palabras pueden llevar a cabo sus propósitos aquí y ahora igual como sus Palabras hicieron existir el universo. Como Dios dijo, *"Sea la luz,"* nuestras palabras naturales pueden producir la luz de la vida o la oscuridad de la muerte.

Proverbios 18:21 afirma, *"El que ama la lengua comerá de sus frutos; ella tiene poder sobre la vida y la muerte."*

El poder de la oración es cuando alineamos nuestras palabras y declaraciones con los propósitos y palabras de Dios. Es como si hubiera un cheque que necesitara dos firmas. La voluntad de Dios en el Cielo es declarada (firma 1), y para poder cambiar el cheque, tiene que haber otra persona para firmar. Cuando declaramos las palabras de Dios en oración (firma 2), el cheque es activo y sus recursos disponibles para la situación en este mundo. Es interesante que se conoce a la firma como "la poderosa," que es exactamente lo que es la oración cuando estamos alineados con lo que Dios está haciendo y diciendo desde el Cielo.

Cuando tú oras, declara la voluntad y el propósito de Dios para la persona o situación por la que estás orando. Acuérdate que no estás orando tu propia voluntad o deseo sobre la persona o situación, pero estamos orando lo que entendemos que es la voluntad de Dios. Cuando oramos de esta manera, tenemos el poder creativo de Dios que cambiará todo.

Punto de Acción:

¿Cuál es la voluntad de Dios para tu situación? ¿Salvación? ¿Sanidad? ¿Liberación? ¿Restauración? ¿Redención? ¿Provisión? Lo que sea la necesidad, no sólo ora por el asunto, practica declarando lo que la Palabra de Dios dice acerca de ello y así soltar la voluntad de Dios a través de tus declaraciones.

Nosotros somos

los hijos de Dios...

y así...tenemos una

posición sin igual

delante de Él.

Veinticinco
Acercándonos Al Trono De Dios

Nosotros somos los hijos de Dios, no trabajadores contratados, y así como sus hijos, tenemos una posición sin igual delante de Él. Nuestras oraciones son para relación y gobierno. Todo lo que nuestro Padre tiene es nuestro, inclusive su Trono.

Hebreos 4:16 dice que podemos acercarnos *"confiadamente al trono de la gracia…"* Esta palabra *"confiadamente"* también se usa en su definición como "sin miedo y libertad." Nuestro Padre celestial nos ha dado, a sus hijos, esta libertad sin igual para acercarnos a Él y pedir cualquier cosa. Podemos acercarnos a su Trono no porque nosotros mismos seamos buenos y justos, sino por quien es Jesucristo y cómo Él nos hizo santos y aceptables ante Dios.

El libro de Hebreos sigue diciendo que *"Sin la santidad nadie verá a Dios"* (12:14). En el Templo de Dios en el Antigüo Testamento, había una cortina que separaba la parte principal del Templo del lugar que se conoce como el "Lugar Santísimo." La cortina significaba la separación del pueblo de la presencia de Dios. Antes de Jesús, nadie era lo suficiente santo para poder acercarse a Dios. Pero cuando Jesús murió en la cruz, la cortina en el Templo se rasgó en dos, señalando que Jesús había abierto el camino hacia Dios por medio de su sangre, Él ha perdonado nuestro pecado, lavado nuestra vida, y nos ha hecho perfectamente santos para poder ahora acercarnos a su presencia.

Cuando tú oras, ven delante de Dios con libertad y confianza, el camino se abrió, y encontraremos toda la gracia que necesitamos.

Punto de Acción:

Continúa practicando la confianza en Dios sin miedo en conversación, petición, declaración y en paciencia esperando delante de Él. Si no tienes esta clase de confianza, entonces pídele al Espíritu Santo entender el por qué. Puede ser que hay pecado en la vida. Confiesa, arrepiéntete del pecado y vuelve a venir delante de Dios.

VEINTISEIS

La Oración Y El Trono De Dios

Jesucristo nos ha dado acceso al Trono de Dios—el Trono de nuestro padre—sin miedo y con confianza. Hebreos 4:16 dice, *"acerquémonos confiadamente al trono de la gracia."* No sólo nos acercamos a Dios, sino su Trono.

¿Qué es un trono? Es el asiento de poder y la autoridad del cual un gobernador reina y aprueba sus edictos, mandatos y leyes. Cuándo nos acercamos a Dios en oración, no nos dirigimos al bonito "Diosito de allá arriba." *Nos estamos acercando a su Trono, el asiento de la autoridad de Dios; el enfoque central del gobierno de todo el universo en los reinos visibles tanto como invisibles.*

Nuestras oraciones tocan el corazón de Dios, efectúan su voluntad y galvanizan su poder para nosotros. Cuándo oramos, tenemos que saber que estamos trayendo el Cielo a la tierra; abriendo paso para la perfecta voluntad de Dios sobrepasando lo que el diablo ha hecho y destruido. No hay nada más alto o más poderoso que el Trono de Dios.

¡Ora con poder y autoridad en el nombre de Jesús y mira que va a cambiar tu mundo!

Punto de Acción:

Ora sin miedo y sin duda. Estás tocando el Trono de Dios. ¡Practica orar con confianza, con denuedo y autoridad!

VEINTISIETE

El Trono De La Gracia

Todavía hay más que meditar sobre el Trono de Dios. Es el Trono de su Gracia. Podemos confiadamente acercarnos. Venimos ante el asiento de la autoridad gobernante de Dios. Pero el Trono también se conoce como "El Trono de la Gracia."

Los autores del Nuevo Testamento consistentemente comienzan sus cartas diciendo *"que la gracia y la paz…sean a ustedes"* (Efesios 1:2). Y tales palabras a menudo se repiten dentro de la iglesia. ¿Pero qué significa? ¿Y por qué se repite tanto en la Biblia?

La Biblia dice que la gracia de Dios es suficiente para nosotros poder salir de cualquier circunstancia y de cualquier debilidad. Dios, en su Trono, se muestra poderoso a nosotros (2 Coríntios 12:9). La gracia es su fuerza, ¡es como el combustible del Cielo para nuestras vidas!

La Biblia también indica que los dones innatos de Dios actuando en nosotros, así como el poder sobrenatural del Espíritu Santo trabajando en nosotros por medio de los dones espirituales, también así mismo la gracia[1] de Dios (Romanos 12:6-8; 1 Coríntios 12:4).

La gracia de Dios se puede definir simplemente así: *La totalidad de la fuerza sobrenatural de Dios trabajando en y a través de nuestras vidas de maneras naturales tanto como sobrenaturales.* Filipenses 2:13 dice, *"por qué Dios es el que produce en ustedes lo mismo el querer como el hacer, por su buena voluntad."*

Cuando oras, ora para que Su gracia te llene nuevamente con la fuerza que necesitas hoy día, y para experimentar el combustible del Cielo dándote más vigor del que nunca has experimentado antes. ¡Bienvenido al Trono de la Gracia de Dios!

Punto de Acción:

Haz esta oración: "Padre, yo te pido y recibo la gracia del Cielo hoy día." Recíbela y anda en ella.

---

1 La palabra para "gracia" en el griego es "charis." Los "dones" del Espíritu Santo en griego son "charismata," otra forma de charis.

Veintiocho

Sentados En El Trono

El Trono de Dios es el lugar de su autoridad y gobierno sobre todo en el universo, tanto en lo físico como en lo espiritual. A Jesús se le otorgó toda autoridad sobre todo en el Cielo y en la tierra (Mateo 28:18) y Jesús también comparte el Trono con Padre Dios. En Apocalipsis 3:21b, Jesús dice que Él venció y se sentó *"Al lado de [su] Padre en su Trono."* Pero lo que es más asombroso todavía es que el Trono de Jesús y su autoridad de Él también son con nosotros.

Efesios 2:6 dice que Dios nos hizo vivos en Cristo Jesús y que *"nos sentó al lado de Cristo Jesús en los lugares celestiales."* Si estamos sentados con Jesús, ¿sobre qué estamos sentados? Si estamos en lugares celestiales, compartiendo la autoridad y gobierno de Jesús sobre todas las cosas como sus hermanos (Hebreos 2:11); y juntos teniendo el mismo Padre (Juan 20:17); hereando todo junto con Jesús (Romanos 8:17); y habiendo sido otorgados autoridad con Jesús, entonces ¿dónde estamos sentados?

En Apocalipsis 3:21ª Jesús dice a su Iglesia, *"Al que salga vencedor, le concederé el derecho de sentarse a mi lado en mi Trono..."* No hay ningún poder en el infierno o en la tierra que puede resistir ante la autoridad de Jesucristo, y tenemos el privilegio de sentarnos con Él en su Trono gobernando junto a Él en el entorno espiritual.

Éste concepto lo cambia todo. ¿Por qué volveríamos a tener miedo? Estamos sentados encima de todas las cosas con Jesús. ¡No hay poder infernal que te pueda tocar!

Cuando tú oras, ora como hijo de Dios quien está sentado sobre todas cosas, haciendo daño a las fuerzas del infierno con la oración poderosa en el nombre de Jesús con una nueva confianza y nunca en miedo.

Punto de Acción:

Mientras oras, reconoce el privilegio maravilloso que Dios te ha dado en sentarte con Él en su trono. Ahora, ora con confianza, con poder y autoridad.

VEINTINUEVE

Estremeciendo Al Mundo

La simetría de la Biblia es maravillosa. Parte de la razón de cómo Dios ordenó el mundo, y su mandato a su pueblo para obrar aquí en la tierra, es porque es una réplica de lo que hay en el Cielo. Dios mostró a Moisés instrucciones detalladas de como construir el Tabernáculo. Este Tabernáculo fue una copia de lo que hay en el Cielo, con todo y muebles (Hebreos 8:5).

Al igual como había un altar de incienso en el Tabernáculo colocado ante el Arca del Pacto, leemos en Apocalipsis 8:5 que existe un altar de incienso ante el Trono de Dios. A lo largo de la Biblia, el incienso es relacionado con las oraciones, y estas oraciones suben ante el Trono de Dios, el mismo Trono que es el asiento de su autoridad, su poder y gobierno.

Nuestras oraciones no están escondidas en un cuarto oscuro en el Cielo para después Dios escucharlas. Nuestras oraciones suben al Trono de Dios. No sólo las escucha pero al mismo tiempo también decreta respuestas desde su asiento de autoridad. ¡Esto significa que el poder de Dios está trabajando activamente por nosotros cuando oramos!

En Apocalipsis 8:5, dice que Dios puso fuego en la olla de incienso y lo arrojó sobre la tierra, y luego hubo truenos y relámpagos y un gran terremoto. Es muy interesante que nuestras oraciones ante el Trono de Dios son las que Dios tiró sobre el mundo y que lo hizo estremecer. La oración es más poderosa de lo que nosotros entendemos. ¡La oración tiene poder para estremecer al mundo entero!

Cuándo oramos, oremos por los sucesos del mundo, en nuestras familias, en nuestros amigos, y para que el poder de Dios se desate en aquellas situaciones para estremecerlas con su poder inigualable.

Punto de Acción:

Cuando oras, lo debes hacer en fe creyendo que estás haciendo una diferencia. Tanto por eventos nacionales y mundiales así como personales. Es fácil pensar que eres una persona insignificante o que tus pequeñas oraciones no abarcan mucho. Pero mantén tu mente en lo correcto y lo verdadero como Dios piensa de ti. Tus oraciones son como una bomba nuclear en el entorno espiritual. ¡Adelante!

La intercesión
es cubrir una situación
levantándonos ante Dios
a favor de alguien que no
lo puede hacer o no lo
hará por sí mismo.

Treinta

Levantarse A Favor De Otros

Hay otra clase de oración distinta que se conoce como la intercesión. La intercesión es cubrir una situación levantándonos ante Dios a favor de alguien que no lo puede hacer o no lo hará por sí mismo.

Hay situaciones, eventos y personas que requieren extra oración. En Ezequiel 22:30, hubo un terrible juicio que Dios iba a desatar y Dios buscaba a alguien que se fuera a poner en la brecha y que intercediera en oración para detener la destrucción que Dios estaba planeando desatar.

¿Detener a Dios? Es imposible. ¿Quién puede detener a Dios? La oración de intercesión puede detener a Dios. Abraham detuvo el juicio de Dios sobre Sodoma y Gomorra hasta que dejó de pedir (Génesis 18:16-33). Moisés detuvo el juicio de Dios dos veces por medio de su intercesión (Éxodo 32:9-14; Números 14:11-20). Aaron, el hermano de Moisés, el primer sumo sacerdote de Israel, detuvo una plaga que Dios desató sobre Israel por medio de su intercesión (Números 16:20-50). El profeta Amós detuvo el juicio de Dios por medio de su intercesión (Amós 7:1-6).

En el libro de Ezequiel, Dios buscaba por esta persona quien detuviera Su mano de juicio, pero no halló quien orara y clamará a Él. Nuestras oraciones mueven la mano de Dios. Déjame decirlo otra vez, nuestras oraciones mueven la mano de Dios. No es que lo controlamos, pero nuestra intercesión lo conmueve. Dios desea la misericordia y no el juicio. Él no quiere que nadie se pierda y está listo para detener su mano de juicio si nosotros nos ponemos a interceder. Él escucha cuando le rogamos a Él. ¿Cuánto más deberíamos interceder por nuestra nación y el mundo durante este tiempo?

Cuando ves los trastornos en el mundo o en las vidas de otras personas, acepta el cargo de orar y clamar a Dios a favor de ellos.

Punto de Acción:

Pídele a Dios por una tarea de oración por gente y cosas en el mundo. Y dile que te muestre las cosas por las que debes interceder. Cuando Él te las muestre. Haz una lista y consistentemente ponte en la brecha por estos asuntos.

TREINTA Y UNO
No Te Des Por Vencido

En Lucas 11:5-13, Jesús contó una parábola de un hombre que tenía un amigo que le estaba tocando la puerta a la medianoche pidiendo por extra comida porque tuvo un visita en su casa. Yo no sé tú, pero yo no estaría de humor en ayudar a una persona golpeando a mi puerta en la madrugada, aunque fuera un amigo, especialmente si ya estaba dormido.

Aún así, en la parábola, el hombre sigue insistiendo tocando a la puerta hasta que recibió su petición. El punto es este: Si debido a su persistencia, su amigo le dio lo que deseaba sólo para deshacerse de él, ¿cuánto mas haría Dios, quien nos ama y no está enfadado con nosotros ¿Cómo no nos dará lo que le pedimos?

Más adelante Jesús cuenta otra parábola en Lucas 18:1-8 De una viuda que rogaba a un juez por justicia. Se describió al juez como un hombre que ni temía a Dios ni respetaba a la gente, así que rápidamente despidió la viuda. Sin embargo, la viuda regresaba todos los días rogando por justicia.

Al final, el juez estaba tan irritado con ella que, aunque no le importaba nada del caso de la mujer, le hizo justicia sólo para que lo dejara en paz. El punto es esto: si un juez impío e injusto puede dar justicia por la persistencia de una viuda, ¿cuánto más Dios, quien es justo, dará justicia a su pueblo cuando ellos persisten en sus peticiones?

Podría parecer que nada está sucediendo cuando oramos, pero Jesús nos enseña a persistir en la oración hasta que todo por lo que estamos orando se realice.

Cuando tú oras, nunca te des por vencido, ¡aunque tarde años en llegar la respuesta! Aunque no lo puedas ver, sigue creyendo, clamando. Estás haciendo una gran diferencia.

Punto de Acción:

Puede ser difícil continuar en oración cuando no vemos las respuestas. La fe es clave. La constancia es clave. ¡Sigue adelante!

TREINTA Y DOS

Orar En El Nombre De Jesús

Mientras aprendemos a orar e interceder, uno de los elementos cruciales es saber de donde obtenemos el permiso y la autoridad para orar y pedir de Dios.

Aunque Dios nos creó para cargar su autoridad como sus hijos, todo lo perdimos debido al pecado. Cuando Adán y Eva pecaron en el huerto de Edén, ellos desataron la maldición de la muerte sobre la humanidad y sobre la misma creación. Ellos estaban separados de Dios y expulsados del huerto. En esencia, ellos perdieron la presencia de Dios, por lo cual murieron espiritualmente. Perdieron su posición ante Dios cómo gobernadores de la tierra, y perdieron su propósito de expandir la obra de Dios en el mundo. Como nosotros somos los herederos del primer Adán, sin Jesús tampoco nosotros tuvimos posición y vivimos bajo la maldición de la muerte.

Pero es en Cristo Jesús, el segundo Adán, por medio de su muerte y su resurrección, recuperamos los propósitos de Dios para nuestra vida, y la autoridad con la cual fuimos creados. El primer Adán trajo muerte a todos, pero el segundo Adán trajo vida a todos (Romanos 5:12-21).

El primer Adán perdió su autoridad, pero el segundo Adán recuperó toda autoridad. La autoridad de Jesucristo es total. Filipenses 2:10 dice, *"para que en el nombre de Jesús se doble toda rodilla y toda lengua confiese que Jesucristo es el Señor..."*

Sólo en Jesús, quien es el único camino a Dios (Juan 14:6), podemos acercarnos a Dios en oración. Cuando Jesús enseñó a sus discípulos sobre lo milagroso y lo sobrenatural, les dijo en Juan 14:13, *"todo lo que pidan al Padre en mi nombre, lo haré..."* La oración provoca lo sobrenatural y nosotros lo haremos por medio de la autoridad del nombre de Jesús.

Recuerdo una ocación que tuve que confrontar a un compañero de trabajo sobre un asunto. La petición provino de mi jefa. Pero cómo éramos compañeros de trabajo con el mismo rango, le dije a mi jefa que si yo fuera hacerlo, tendría que estar en claro que yo estaría hablando de parte de ella, con su autoridad y no la mía. De esa misma manera, nosotros no tenemos autoridad actual para tratar con situaciones en este mundo. Pero Jesús, quien tiene toda la autoridad y quien vive en nosotros, y quien nos ha enviado (Juan 17:18), nos ha dado la autoridad para confrontar a este mundo en su nombre.

Punto de Acción:

El punto de acción es muy fácil: ¡Ora con autoridad en el nombre de Jesús!

TREINTA Y TRES

Arrebata Su Autoridad

La oración no es únicamente una conversación o una petición; la oración es batalla. El diablo odia nuestras oraciones, y si nos puede hacer tropezar o causar un adormecimiento espiritual, entonces ya no estaremos haciéndole daño a su reino, y efectivamente nos habrá sacado de la pelea. En la gran batalla espiritual que tenemos alrededor, debemos de recordar que Romanos 8:17 dice que somos herederos juntamente con Cristo Jesús—el mismo Jesús que tiene autoridad sobre todas las cosas. También debemos recordar que Jesús dijo a sus discípulos en Lucas 10:19 que nos ha dado la autoridad de pisotear sobre todas las obras del diablo. Mas Romanos 16:20 nos dice que *"El Dios de paz aplastará a Satanás bajo los pies de ustedes."*

Llevamos autoridad en el nombre de Jesús y estamos sentados con Él en lugares celestiales. Inevitablemente nos toparemos con resistencia espiritual mientras oramos, o hasta en nuestras vidas diarias. Esta resistencia se puede manifestar en una actitud, un espíritu demoníaco o en cualquier otra cosa que esté trabajando en contra de la voluntad de Dios. En Cristo Jesús llevamos autoridad sobre estas cosas.

Jesús nos concedió este privilegio cuándo nos entregó las llaves a su Reino. En Mateo 16 19, Jesús dio a sus discípulos las llaves, y estas llaves significan **autoridad y acceso** a la totalidad de su Reino. Jesús nos dijo que lo que atamos en la tierra está atado en el Cielo (el Cielo siendo el entorno espiritual), y lo que desatamos aquí en la tierra, también lo es en el Cielo.

Salmo 149:6-9 nos dice que cuando tenemos las alabanzas de Dios en nuestras bocas también tenemos una espada de doble filo en nuestras manos, y podemos ejecutar juicio sobre gobernadores demoniacos. Hemos de *"Ejecutar en ellos el juicio decretado. Gloria será esto para todos sus santos."* (RVR1995)

Cuando oramos y nos topamos con resistencia, toma autoridad y habla la Palabra de Dios sobre el espíritu demoníaco, la situación o la actitud en el nombre de Jesús.

Punto de Acción:

¿Cuáles son las cosas que te detienen o estorban en tu vida? ¿Cuáles son las cosas espirituales, naturales, o hasta de la salud con que tú luchas? Practica dirigiéndote así en estas cosas por nombre y en voz alta, tomando autoridad sobre ellos y atándolos en el nombre de Jesús. Luego desata el Reino de Dios, toda su paz, amor y gozo y otros atributos en su lugar.

TREINTA Y CUATRO
La Oración Y La Guerra

No es ningún secreto que todos tenemos luchas en esta vida y, tal vez más de lo que pensamos, son luchas espirituales con fuerzas del infierno. Nuestras oraciones tienen un gran efecto en contra de tales fuerzas.

Efesios 6:12 Dice que nuestra lucha no es contra seres humanos sino contra el diablo y sus huestes demoníacos. Muchas personas han enfrentado una oposición y opresión demoníaca. Así como satanás es real, también lo son los demonios. Ellos no te quieren y sólo viven para hacer lo que su amo les dice: hacerte vivir en miedo, mantener tu vida miserable y engañarte para que te pierdas por toda la eternidad. Los demonios operan en el reino espiritual y activamente pelean en nuestra contra y en contra de todo lo que es bueno. Hay una guerra continua entre el Reino de Dios y el reino de las tinieblas. Estamos en la batalla y nuestras oraciones marcan la diferencia.

La Biblia dice que vencemos a las fuerzas de las tinieblas por la sangre de Jesús y por la palabra de nuestro testimonio (Apocalipsis 12:11). Acuérdate, estás sentado con Jesús en entornos espirituales por sobre todas las cosas. Cuando estamos derribando las fortalezas del enemigo, nuestras oraciones de guerra son poderosas para destruir las obras del diablo y expulsar a demonios.

Párate como un hijo/a de Dios en el nombre de Cristo Jesús y ordena que todo lo que está del infierno salga. Jesucristo tiene el poder para destruir las obras del diablo (1 Juan 3:8). Esto no es ningún juego, tampoco no lo tomemos a la ligera, es de vida y muerte. Pero acuérdate que *mayor es el que está en ustedes que el que está en el mundo*" (1 Juan 4:4). ¡Tú tienes autoridad en el nombre de Jesucristo!

Punto de Acción:

Vístete con la armadura de Dios en voz alta. Ponte el yelmo de la salvación, la coraza de justicia, el cinturón de la verdad, las sandalias de paz, y luego carga el escudo de fe y la espada del Espíritu. Pídele al Espírítu Santo que te ayude a vivir estos atributos mientras atacas al enemigo en oración.

El Espirítu Santo

nos ayuda saber

cómo y qué orar,

hasta nos puede dar

estrategias

de cómo orar.

Treinta y cinco

El Espíritu Santo Nos Ayuda Orar

Cuando Jesús subió al Cielo después de su resurrección, Él nos envió el Espíritu Santo para hacer nuestro ayudador. Jesús nos dijo que el Esprítu Santo nos ayudaría en todo: Nos recordaría de las palabras de Jesús, nos enseñaría todas cosas, nos daría victoria sobre el pecado y nos llevaría hacia toda justicia. El Espírítu Santo es Dios mismo, el tercer miembro de la Trinidad.

El Espírítu Santo nos ayuda saber cómo y qué orar, hasta nos puede dar estrategias de cómo orar. En ocaciones cuando vienen a tu mente los nombres y caras de personas, por lo usual es el Espírítu Santo trayendo a memoria tales personas para indicarte que necesitas orar por ellos.

La Biblia nos enseña como el Espírítu Santo trabaja, en Romanos 8:26-27, "De igual manera, el Espíritu nos ayuda en nuestra debilida*d, pues no sabemos qué nos conviene pedir, pero el Espíritu mismo intercede por nosotros con gemidos indecibles. Pero el que examina los corazones sabe cuál es la intención del Espíritu, porque intercede por los santos conforme a la voluntad de Dios."*

Cuando tú oras, pídele al Espirítu Santo que te ayude. Escucha. Ahora como es Él que está dirigiéndote, Él te dará conocimiento para una situación y como orar e interceder por ella.

Punto de Acción:

Pídele al Espirítu Santo que te ayude a orar y que te dé estrategias específicas en oración. Deja que te lleve más a fondo en intercesión que incluye orar en lenguas, gemidos y llanto. Estas cosas no las puedes inventar, el Espirítu Santo te tiene que mover. Practícalo.

TREINTA Y SEIS

El Bautismo Con El Espíritu Santo

Después de conocer a Jesús como nuestro Señor y Salvador, y habiendo nacido de nuevo por el Espíritu de Dios, Él nos quiere llevar más a fondo; *Nos quiere llenar con el Espíritu Santo.* Esta es parte de la "promesa del Padre" (Lucas 24:49). La promesa de Jesús es que Él no nos dejaría huérfanos porque enviaría al Espíritu Santo para ser nuestro abogado y ayudarnos en todas cosas (Juan 14:16-17).

En Hechos 2, después de que Jesús ascendió al Cielo, los discípulos estaban esperando por lo que les había prometido enviar—el Espíritu Santo. Cuándo el Espíritu Santo llegó, los discípulos fueron llenos con denuedo y poder sobrenatural, lo cual también fue una promesa de Jesús hacia nosotros. Él prometió que nosotros haríamos aún mayores obras que las que Él hizo (Juan 14:12) y también haríamos señales y maravillas sobrenaturales (Marcos 16:15-18).

Cuando el Espíritu Santo llenó a los discípulos, ellos comenzaron a orar en otras lenguas, predicar con valentía y obrar milagros. En Lucas 11:13, Jesús dijo a sus discípulos que si ellos, aún siendo imperfectos, sabían dar buenos regalos a sus hijos, *"¿cuánto más el Padre celestial dará el Espíritu Santo a quienes se lo pidan?"*

Recibir el poder sobrenatural y el bautismo con el Espíritu Santo es fácil—solo pídeselo a Jesús. Una vez que ya lo pediste, ¡ya lo recibiste! ¡Ahora alábale por ello!

Ahora el Espíritu Santo te ayudará orar a otra dimensión espiritual. Experimentarás en tu vida de oración una explosión de poder cuando el bautismo con el Espíritu Santo esté suelto en ti.

Punto de Acción:

Haz esta oración: "Jesús, yo te pido que me bautices en el Espíritu Santo ahora mismo. Lo recibo por fe. Gracias por llenarme." Ahora que has pedido en fe, ¡ya tienes el bautismo con el Espíritu Santo!

Treinta y siete

Orando En Lenguas

Cada uno de nosotros podemos orar en nuestro idioma natural y en un idioma espiritual. Existe un don que Dios da por medio del bautismo con el Espíritu Santo para ayudarnos a orar más allá de nuestra capacidad innata y limitada. Éste se llama el don de hablar en lenguas o idioma espiritual.

Hablar en lenguas no es nada raro, y no se debería tener miedo en hacerlo. No es nada que nos posea o que sea incontrolable—es muy controlable. Por ejemplo, yo soy una persona bilingüe y puedo fácilmente cambiar del idioma inglés al español y viceversa. Yo puedo decidir cuando empiezo y cuando termino, yo lo controlo. Así sucede con hablar en lenguas, yo controlo cuando empiezo y también cuando termino.

El don de las lenguas es el Espíritu Santo orando la perfecta voluntad de Dios a través de nosotros en un idioma que nunca aprendimos. Él ora a través de nosotros en manera que naturalmente nosotros no podríamos hacer. Hablar en lenguas es una herramienta y un arma poderosa para la oración. Este don es necesario y debería ser ejercitado en la vida de cada creyente.

Muchas personas no comprenden como una persona puede hablar un idioma que nunca ha aprendido. Admito que suena imposible, pero para Dios no hay nada imposible. Hablar en un idioma desconocido no viene del cerebro sino supera a nuestro intelecto natural y proviene desde nuestro ser espiritual que está lleno del Espíritu de Dios.

Pídele a Jesús que te llene con el bautismo con Espíritu Santo. Ya al haberlo pedido, ya lo recibiste. Ahora que ya lo recibiste, ya puedes comenzar a hablar en lenguas en cualquier momento. Sólo deja que fluya a través de ti y comienza hablar. No ores en tu idioma natural, comienza hablar y hacer sonidos, y encontrarás que es naturalmente sobrenatural.

Yo he guiado a muchas personas en esta experiencia, y muchas personas me han hecho la pregunta, "¿Cómo sabré que no me lo estoy inventando?" Así es mi respuesta:

1. Jesús dijo que si pedimos a Dios por pan, no nos dará una piedra. ¿Le pediste por el bautismo con el Espíritu Santo y el don de hablar en lenguas? Entonces eso es lo que te dará.

2. ¿Nunca has intentado inventar un idioma en tu mente e intentado hablar algo inventado con fluidez? Es muy difícil y requiere mucha concentración para que suene como un idioma. Hablar en lenguas completamente sobrepasa el cerebro y es fácil. ¿Fue fácil?

3. ¿Qué sentiste cuando pediste por el bautismo con el Espíritu Santo? Estoy seguro que sentiste algo maravilloso en tu espíritu, ¡y tú sabes que no te inventaste eso! Aún

en el caso que alguien no sintió mucho, esto no niega la promesa de Dios. Recibe en fe y anda en ella igual como lo hiciste con tu salvación.

Hablar en lenguas no es nada de que temer, sino algo que perseguir. Lanzará tu vida de oración, tu vida de adoración y tu vida como cristiano a una nueva dimensión.

Punto de Acción:

Pídele al Espíritu Santo que suelte el don de las lenguas en ti. Abre tu boca y comienza orar desde tu interior en cualquier sonido o sílabas. Tal vez suena raro, pero después de recibir el bautismo con el Espíritu Santo, lo puedes hacer con su ayuda.

TREINTA Y OCHO

El Ayuno Y La Oración

El ayuno es aún otra dimensión de oración. En su esencia, el ayuno es un período en que intencionalmente negamos la carne para enfocarnos en el espíritu y entrar en una relación con Dios más profunda. Es un tiempo de oración enfocándonos en una persona o situación que necesita un cambio radical y extra oración.

En Marcos 9:29, Los discípulos de Jesús no pudieron expulsar a un demonio. Cuando le preguntaron a Jesús por qué no pudieron, Él les respondió que *"este género con nada puede salir, sino con oración y ayuno"* (RVR1995). Ayunar es una oportunidad de aumentar tu ser espiritual, avanzar en tu intimidad con Dios, conectarnos con el poder de Dios y orar por cambios acelerados.

A veces te enfrentarás con interferencias espirituales que necesitan ser rotas por medio del ayuno. El profeta Daniel ayunó por tres semanas para escuchar una respuesta de Dios, pero la respuesta fue estorbada por actividad demoniaca. Esta interferencia fue rota por medio de ayuno (Daniel 10:1-4).

Si nunca has ayunado, inténtalo por uno o dos días. Intencionalmente toma extra tiempo para estar con Dios, leer la Biblia y orar. Encontrarás que tiene un gran efecto en tu vida espiritual y en tus oraciones contestadas.

Punto de Acción:

Toma un día para ayunar y enfócate en Dios.

Treinta y nueve

Controlar La Mente

Estoy seguro que tú, como yo, has tenido tiempos difíciles de oración en tu vida. Cuando nos sentamos para orar, siempre los pensamientos vagan en 1000 diferentes direcciones, o los dedos vagan hacia el teléfono para mirar las redes sociales. Intentamos orar pero las distracciones siguen: No terminé mi tarea…¿Qué vamos a cenar?…se me olvidó comprar esto en la tienda… etc. Y si eso no fuera suficiente, alguien sigue entrando en la habitación donde estamos tratando de orar causando todavía más distracciones. De repente, se acabó el tiempo de oración ¡y no oramos casi nada!

Puede ser muy difícil concentrarse en la oración cuando la mente no está entrenada. La mente puede ser como un cometa zarandeado por el viento. O puede ser como un cachorro no entrenado cuando lo llevas a pasear. El cachorro quiere ir por donde él quiere, olfatear a todo, ladrar a cada cosa ¡y orinar en todo!

Uno de los frutos del Espíritu que leemos en Gálatas 5:22-23 es el *dominio propio*. La mente, la voluntad, las emociones y el espíritu todos son parte de nuestro ser. Parte de la manera en que controlamos nuestro ser, ya sea la mente, el cuerpo o el espíritu, es tomar autoridad sobre ello y vivir una vida disciplinada.

2 Coríntios 10:5 nos dice tomar cautivo a la imaginación. El término "tomar cautivo" es muy fuerte. Podemos tomar control de todo y someterlo bajo el Señorío de Jesucristo, todo aquello que nos distrae, la mente que se desvía tanto como los pensamientos feos y pecadores que corren por ella. No tenemos que vivir controlados por una mente desviada y distraída, la podemos controlar con dominio propio, el poder de Dios y disciplina personal.

Esto requiere mucho trabajo y práctica. Si no lo logras la primera vez, no te des por vencido. No hay ninguna condenación. Entre más lo practicas, más crecerás.

Cuando oras, aprende a controlar lo que Dios te ha dado y enfócate en Él. Entre más te enfocas en Él, encontrarás que tus ojos espirituales y tus oídos espirituales estarán más abiertos para escuchar y ver al Señor con más claridad (Proverbios 20:12).

Punto de Acción:

Practica estar sentado quieto y callado con ningún pensamiento en tu mente por un minuto. Enfoca tu mente y tu imaginación en Jesús y permite que el Espíritu Santo te encuentre ahí. Sigue practicando hasta que lo puedas hacer sin distracciones en tu mente. Luego hazlo por dos minutos, etc. Éstos dos minutos tal vez sientan como una hora, pero llegarás a comprender que, con práctica, ahí Dios te encontrará y se revelará más a ti. Habrán tiempos cuando pasa una hora entera y se sentirá como sólo un par de minutos.

Cuando oramos, debemos

siempre recordar de

nuestra *posición* en Dios

como sus hijos; recordar

de nuestro *propósito*

de gobernar sobre la creación

de Dios con Él...

Cuarenta

Declaraciones Y Decretos

Cuando oramos, debemos siempre recordar de nuestra posición en Dios como sus hijos; recordar de nuestro propósito de gobernar sobre la creación de Dios con Él como aquellos que fuimos creados en Su imagen y semejanza.

En el principio Dios no sólo creó el universo, comenzó a nombrar su creación. Él nombró la luz, la oscuridad, los días, las noches, los cielos, la tierra y los mares (Génesis 1:5, 8, 10). Es interesante que después de nombrar éstos, Dios dejó de nombrar su creación. Uno pensaría que Dios seguiría nombrando a todo lo demás que había creado, ya que Él lo creó, y nadie más.

Pero Dios tiene sus razones para todo lo que Él hace.

Más adelante, vemos que Adán comenzó a nombrar todo lo demás que Dios había hecho. Dios nombró las dimensiones del espacio y tiempo (día, noche, cielo, tierra, mar). Pero Adán nombró todo lo demás dentro de los límites que Dios estableció. Lo que Dios inició con sus Palabras, Adán terminó con sus palabras. Dios comenzó la obra, y capacitó a Adan quien fue creado a su imagen y semejanza para continuar la obra. En Génesis 2:19, Adan nombró a los animales y *"El nombre que les puso...es el nombre que se les quedó."*

El poder de nuestras palabras lleva semilla creativa para definir, declarar, decretar y traer cosas a existencia. El poder de nuestras declaraciones es demostrada en la oración igual como las cosas que hablamos en el diario vivir. El poder de nuestras oraciones declarativas es evidente en Job 22:28, *"decidirás algo, y se te realizará"* (RVA 2015). Decidir tiene que ver con algo pronunciado y decretado con palabras. Es como pasar una ley judicial del Cielo en la tierra.

Cuando oramos, declaramos la voluntad de Dios para la situación. Asimismo estamos sembrando semillas del Cielo por medio de nuestras palabras poderosas.

Punto de Acción:

Práctica decretando lo que tú sabes que es la voluntad de Dios en una situación. Practica orando así: "Yo decreto, en el nombre de Jesús, que la sanidad es para mi familia." Puedes orar y decretar cosas semejantes para otras situaciones. Hazlo en fe y en la autoridad que tú tienes en Cristo Jesús.

<small>Cuarenta y uno</small>
Oración En La Casa De Dios

La oración es conversación con Dios. Es una relación con Dios. La oración es mover asuntos en el entorno espiritual e invitar a la voluntad de Dios a cambiar una situación. La oración es guerra. La oración es cercanía con Dios.

La oración es habitar con Dios.

David escribió en Salmo 27:4 de la intimidad intensa con Dios y su deseo de estar con Él. David era rico y famoso. Él era un rey, poderoso en batalla y mandaba ejércitos grandes. Uno podría decir que David tenía todo lo que un hombre pudiera desear. Si pudiéramos comprender la vasta fortuna, fama y poder que David poseía, probablemente pensaríamos que no habría nada más que él pudiera necesitar, y al pensar así estaríamos totalmente equivocados.

Teniendo todo lo que una persona pudiera desear, David plasma estas maravillosas palabras en Salmo 27:4, *"Una cosa he pedido al Señor; esta buscaré: que more yo en la casa del Señor todos los días de mi vida, para contemplar la hermosura del Señor y para inquirir en su templo."* (RVA-2015)

David no deseaba más—nada más—Que habitar en la presencia de Dios, ver su rostro y aprender más de sus caminos. Para el hombre que *lo tenía todo*, al final de todo, la presencia de Dios era la *única cosa que quería*.

Cuando tú oras, no hay nada más satisfactorio que buscar su presencia. Encuéntrala y habita en ella.

Punto de Acción:

Practica la presencia de Dios. Continúa esperando, en Él. Alábalo, ámalo, búscalo y no desistas hasta que hayas encontrado su presencia. ¡El premio de su presencia es maravilloso!

Cuarenta y dos
La Oración Y La Soberanía De Dios

Muchas personas creen y se les ha enseñado que cómo Dios es todopoderoso, todo sabio—soberano—que cada suceso y detalle en el mundo y en nuestras vidas ya está escrito y predeterminado, y por eso la oración es inútil. ¿Cómo podrá ser esto verdad si Dios mismo nos pide orar e interceder?

¿Dónde está escrito en la Biblia que todo resultado está predeterminado? Claro que Salmo 139:16 dice que mis días están escritos en tu libro. Pero déjame hacerte una pregunta: Si todo está predeterminado y cada detalle y suceso de tu vida está escrito e incambiable, y la perfecta voluntad de Dios está escrita en el libro de tu vida, ¿por qué, pues, algunas personas terminan tan mal o hasta en el infierno? ¿Acaso esta era la perfecta voluntad de Dios para sus vidas? Claramente que no. La realidad es que no todo resultado está predeterminado. El hecho de que Dios es soberano y conoce el final desde el principio no excluye nuestra participación con Él. Como hijo/as de Dios y gobernadores con É en el mundo, nosotros tenemos algo que ver en el proceso.

Como pastor, yo he hablado con muchas personas quienes han creído que porque Dios es soberano, Él ha de saber quién es, quien será y quien no será salvo. Así que viven a la deriva sin reinar en la vida y sólo aceptan cualquier mal o bien que venga y simplemente dicen, "es la voluntad de Dios." Personalmente yo he aprendido de mi propio caminar con Dios y vida de oración, que aunque Dios sabe lo que va a pasar, no trata con nosotros según su conocimiento de antemano. Él está allí con nosotros en el momento y trabajando al lado de nosotros para efectuar los resultados que El desea. Mas, nos da la opción de elegir. Él nos indica qué es su voluntad, y podemos—o no—hacerla. Su conocmiento de antemano no excluye nuestra decisión.

Piénsalo de esta forma: si alguien fuera atacar a mi familia, yo podría fácilmente ponerme al lado y decir, "es la voluntad de Dios" y permitirlo. O yo podría intervenir—interceder— Por ellos y defenderlos. Yo tengo una decisión que tomar, y mi decisión afectará el resultado. La oración y la intercesión es una decisión para afectar el resultado.

Punto de Acción:

Identifica una situación que no está resuelta y que necesita oración. Interviene e interactúa con la situación en oración. Ora fervientemente y mira que tus oraciones, junto con la soberanía de Dios moverán la situación hacia la redención.

.